POESÍA CRISTIANA

VOLUMEN I

Copyright © 2020 Rafael Henrique dos Santos Lima y RL Producciones literarias

Todos los derechos están reservados. Ninguna parte de ese libro puede ser reproducida en cualquier medio existente sin la autorización del autor de ese libro.

Para autorizaciones, contacte: rafael50001@hotmail.com / rafaelhsts@gmail.com

Acerca de la traducción

Esta obra fue realizada primeramente en la lengua portuguesa y su traducción fue hecha por mí, basada en mis conocimientos de lengua española.

No fue posible tener una consultoría sobre el uso correcto de palabras y expresiones de la lengua española. Ya me disculpo si he utilizado algo de forma incorrecta y estoy a la disposición para hacer las correcciones.

En algunas poesías no ha sido posible mantener las palabras originales debido a la diferencia fonética, sin embargo, hubo una adaptación al español que no compromete el contexto.

Acerca del libro

Los poemas han sido inspirados por Dios y son para mostrar su Gloria. Estos fueron escritos entre 2014 y 2015.

Son presentadas diversas temáticas, como familia, vida personal, vida cotidiana, salvación, vida eterna, narrativas de historias de la Biblia, etc.

Palabras en la cruz

Adorar
Amor
Ayuda
Camino
Cristo
Cruz
Dios
Esperanza
Espíritu Santo
Fe
Fuerzas
Gloria
Jesús
Luchar
Luz
Oír
Oración
Palabras
Paz
Poesía
Reino
Renovación
Rima
Salvar
Seguir
Señor
Texto
Unión
Vencer
Vida Eterna
Vida nueva
Vivir

Tabla de contenidos

Liberación venida del Señor

Ellos eran esclavos de un perverso faraón,
Para comer, solamente migajas y polvo les dieron.
Todos ellos fueron masacrados.
Construyendo estatuas para los egipcios,
En trabajos duros y forzados.

El Señor cambió aquella historia,
Hizo un pacto con Moisés y Aarón.
Hablándoles acerca de una bella liberación,
Liberándolos del tormento y de la esclavitud.

Muchos creyeron en sus palabras y les siguieran,
Moisés habló al faraón las palabras del Señor,
Suplicando por la liberación de su pueblo,
Pero el corazón del faraón se endureció.
Y la tan deseada libertad no ocurrió.

En aquella tierra, Dios hizo señales y maravillas,
Mismo así, el faraón no lo creía.
Pues tenía magos y hechiceros que lo mismo hacían.

Finalmente, Dios envió la plaga definitiva,

Mató los primogénitos de toda la tierra,

Liberando solamente a los hebreos y sus familias.

Después de eso, el faraón mucho temió,

Y la tardía y deseada libertad, les dio.

Los hebreos estaban saliendo del Egipto,

Ya estaban casi fuera, pero vino una persecución,

Eran muchos carros y caballeros que iban hacia su dirección.

El Señor los libró nuevamente,

Abriendo el mar para la gente pasar,

Todos los hijos de Israel pasaron.

Y cuando en el mar los egipcios entraron,

El Señor hizo el mar cerrar.

Los caballeros, ellos miraron muertos en el mar.

Solamente el Señor Dios para esa liberación ejecutar.

Cristo

Un día, todos andábamos dispersos.

Cada uno seguía su camino.

No había compañía ni ayuda.

Era un triste destino, estábamos solos en la lucha.

Aún desunidos, muchos tenían esperanza.

Esperaban algo nuevo y renovado.

La fe los mantenía firmes y seguros.

Ellos esperaban la nueva alianza,

Que sería Aquel venido directo del Señor.

En tiempo cierto, Él vino,

Muchos lo reconocieron y lo amaron.

Pero otros solamente le dieron el desprecio.

Ellos no creían en sus señales y maravillas,

Y aún buscaban atraparlo en las palabras dichas.

Pero, ¿qué fuerza tiene el hombre delante del Señor?

¿Qué puede hacer contra Dios un pobre pecador?

Ellos nada pudieron hacer para detenerlo.

Jesús andaba, curaba, enseñaba, rescataba.

Y la fe de sus discípulos aumentaba.

Entre la gente de fe, uno flaqueó.

Y por unas cuantas monedas, su Señor, él entregó.

¡El Justo, El Hijo del hombre ha sido oprimido!

Como oveja inocente, Él fue llevado al matadero.

Y allí recibió un terrible y doloroso castigo.

No había en Él ninguna condenación.

Los reyes lo juzgaron y había razón en las acusaciones.

Pero los "sabios" del pueblo no lo aceptaron,

Y por su propia cuenta lo crucificaron.

En aquella cruz, han sido pagados los pecados,

Los míos, los tuyos y los de todos.

Con el sacrificio extremo, la deuda ha sido pagada.

Y las almas de los pobres pecadores han sido salvadas.

Después del dolor y del sufrimiento, vino la muerte.

En aquel momento algo grande ocurrió.

La tierra tembló, la cortina del santuario se rasgó,

Inquietud en todos los lugares,

El cielo se oscureció.

Muchos lloraron por Aquel que murió.

Después de tres días, Dios lo rescató.

Con sus ángeles hizo la piedra rodar,

Su hijo unigénito y querido, Dios resucitó.

Y a los suyos, Jesús se mostró y se dio a conocer,

Así, los fieles vieron el poder de Dios.

Que para siempre la muerte venció.

Los primeros pecados

A través de Ti todo ha sido hecho,

Todas las cosas han sido creadas.

Formando así, un mundo perfecto.

Y en este mundo, El Señor hizo el hombre habitar.

Y el hombre estaba muy solo.

Dios le dio una compañera,

Hecha de parte del primer polvo.

La compañera, el hombre debe amar y cuidar.

Para que juntos se puedan ayudar.

Pero en el paraíso, hubo una intrusa,

La serpiente con palabras engañosas, los sedujo,

Pecaron contra el Señor y tuvieron mucho temor.

Dios luego los descubrió y del paraíso los expulsó.

Del paraíso fueron expulsados y echados a la tierra.

Vinieron para nuestro mundo, donde hay hambre y guerra.

La primera batalla fue en la propia familia,

De Abel, Caín se quitó la vida.

Él lo mató y quiso esconderse.

Pero el Dios soberano de todo podría saber.

Caín fue maldecido y su tierra no pudo producir.

Él se alejó del Señor.

Y por el resto de su vida, estuvo para huir.

El poder de Dios

Los cargos de autoridad fueron instituidos por Ti,
Las autoridades vinieron de Ti.
El poder que ellos tienen, viene del Señor,
Todo lo que mandan, fue Dios quien permitió.

Solamente el Señor es capaz de hacer cambiar,
Con su inmenso poder y fuerza, todo se puede transformar.
El hombre es solamente un instrumento enviado,
Para cumplir lo que por Dios fue designado.

La mano de Dios está dispuesta para a todo gobernar,
Permitiendo al hombre algunas cosas cambiar.
El comando para la acción es del ser humano,
Pero la ejecución pertenece al Dios soberano.

Reconozco que solamente Dios puede todo,
Solamente el Señor controla a todo el mundo.
Todas las cosas que pueden suceder,
Sé que son de Dios y de su poder.

Morada entre nosotros

El Señor en los altos cielos está.

Con ojos omnipresentes, a todos está observando.

Con oídos omniscientes, a todos puede oír.

Con el Espíritu Santo, en todos los lugares está.

Siempre deseamos quedar más cerca de Ti,

Y una morada construimos para tu habitación.

Es un templo que hicimos por aquí.

Para que a tus oídos llegue nuestra oración.

Además de orar, siempre vamos al templo para alabar.

Cánticos bellos que el Señor nos dio.

Cánticos de alabanza y agradecimiento.

Esto hacemos, para siempre glorificarte.

Solamente tu gloria nos puede rellenar,

Quedamos llenos del Espíritu Santo.

Que nos consuela, acoge, reconforta,

Aquel que nos trae la verdadera y eterna paz.

Sacrificio y arrepentimiento

Un día, el mayor sacrificio fue hecho,
Jesucristo pagó nuestros pecados.
Como prueba de su gran amor perfecto.

Dios nos amó de tan gran manera,
Que dio a su hijo unigénito para salvarnos,
Esperando que después de su venida,
Toda la gente lo iba a adorar y amar.

La gente olvidó el sacrificio.
La gente se olvidó de esto,
Viven practicando toda clase de maldad,
Están entregados a la perversidad.

Ellos precisan volver a creer en la cruz,
Recordando el sufrimiento de nuestro Señor.
Pensar que lo que Él hizo tiene mucho valor.
Y comprender que solamente Cristo es el Salvador.

Solamente así, Dios puede a todos perdonar,
Todo el horrible pecado, Él va a borrar,
Y todas las almas que confiesen el Señor Jesús,
El Señor Dios va a salvar a través de su amor.

El pobre y el rico

Al despertar miramos que todo está errado,

El pecado reina por todos lados.

Todos se olvidaron de aquel que por nosotros ha sido sacrificado.

Solamente quieren saber de ganar más poder.

En el otro mundo, el poder nada va a valer.

¡Intenta comprar el diablo que usted se va a sorprender!

El demonio va a reír mucho de usted y va a decir:

Usted tuvo la oportunidad de cambiar y arrepentirse,

Pero, en cambio, prefirió buscar más poder.

En aquella hora ya será tarde de más,

El dinero ni más te satisface.

Solamente el llanto y el crujir de dientes usted tiene.

¿De qué valió en aquella su vida,

Usted querer tener tantos billetes de cien?

Usted mira a aquel hombre que humilló,

Ahora él está en paz con el Señor.

En lugar de él, usted querría estar.

Piensa en la ironía, ¡en la vida era lo contrario!

El pobre quería ser millonario.

Y aquí, en la muerte, el rico quiere ser salvado.

Puede estar tranquilo, todo el mundo murió.

Pero el humilde fue para Dios.

Y usted va a pagar los pecados que cometió.

El Señor me oye

Señor, yo te quiero seguir siempre.

Quiero andar en los caminos de la verdad.

Ayúdame Dios, del mal liberarme,

Quiero ser libre de mis vanidades.

Deseo tener una plena y verdadera adoración,

Quedando en espíritu de alabanza y oración.

Sentir en todo momento tu presencia,

Sentir todo el tiempo a tu Espíritu Santo.

Quiero siempre estar bajo la cobertura de tu manto.

¡Dios! Que mi voz el Señor pueda oír,

Que mis oraciones a tu trueno vengan a subir.

Que tus oídos estén atentos a mi súplica.

Y tu mano venga para ser mi ayuda.

Gracias, Señor, por siempre darme atención,

Gracias, Dios, por no desviar de mí tu bendición.

Que mis oraciones lleguen al Señor todos los días,

Y que tu protección y amor, nunca salgan de mi vida.

La fuerza del profeta de Dios

¡Oh Dios, cómo eres maravilloso!
Eres el único y verdadero Dios.
El único que todo puede hacer.
Y a todos los males, puede vencer.

Tu palabra es verdadera y fiel.
No hay quien pueda contestar.
Algunos aun te quieren desafiar.
Pero al final, solamente el Señor prevalecerá.

Un día tu profeta fue desafiado.
Cuatrocientos hombres vinieron a enfrentarlo.
Aquellos hombres, nada pudieron hacer.
Pues el Señor hizo su profeta vencer.
Y vino fuego divino y mucho poder.

Aquellos hombres fueron echados en la tierra,
Sobre ellos vino la espada, sus cuerpos tirados al suelo.
Para que no más practiquen la maldad.
Ni hagan pecar al santo pueblo.

Cambio venido de Dios

Éramos todos pobres y pecadores,

Vivíamos guiados por otros señores.

Estábamos atrás de otros valores.

No importaba si nos causaban dolores.

Por mucho tiempo andamos por caminos errados.

Si Dios estaba aquí, íbamos por el otro lado.

Siguiendo cosas raras e inútiles.

Y buscando nuestras vanidades fútiles.

Así mismo, el Señor nos amó,

Un cambio en nuestras vidas, Él determinó.

Tu Santo Espíritu vino sobre nosotros para transformar.

Nuestras vidas torcidas se empezaron a arreglar.

A los pocos, nuestras vidas se fueron cambiando,

En nuevas personas nos está transformando.

Lo que era viejo y sucio, nada más quedó,

Una nueva persona, con un nuevo deseo, nació.

Nace un convertido al Señor,

Fruto del verdadero y puro amor.

Amor fuerte para que pudiera rescatar,

Un amor capaz de mi alma salvar.

Tu protección

Al despertar, tu presencia puedo sentir.
Abro mis ojos, respiro y levanto.
Hay un soplo de vida en mí.
Si estoy vivo, te agradezco solamente a Ti.

El Señor es mi amigo y protector,
Poniendo su escudo en mí,
Librándome de los males y del destructor.

Confío en tus caminos y estatutos,
Procuro seguir tu santa palabra,
Y aprender más acerca del Señor.
Desviándome de la maldad del mundo.

En este mundo terrible, solo el Señor puede ayudar.
Pues son tantas cosas contra mí,
Muchos males se quieren levantar,
Pero el Señor está conmigo para salvarme.
Y de todo lo que es malo, Él va a librarme.

Obediencia

El Señor siempre nos orienta,

Está siempre mostrando el camino a seguir.

Él háblanos por donde debemos ir,

Para que los males no vengan a afligir.

Su camino es bueno y agradable,

Es una carretera recta y sin desvíos.

Hay algunas luchas y dificultades,

Pero Dios está con nosotros y nos da la ayuda.

Para seguir este camino es simple,

Hay que alabar, adorar y obedecer.

Haciéndolo, Él tendrá compasión de usted,

Y siempre te va a ayudar y proteger.

Mejor que tu protección no hay.

Seamos siempre obedientes y agradables.

Y de nosotros, Dios siempre se agradará,

Y con gusto nos va a ayudar.

La creación y la destrucción

El Señor creó todo,

Desde los pequeños seres, hasta las fieras salvajes.

Él hizo todo, pero entre todos, hizo uno especial,

El ser humano que sobre todos él es el principal.

El ser humano ha sido hecho para alabar y adorar.

Al principio fue así, pero después no más.

El ser humano se perdió y mucho pecó.

Entristeciendo mucho a Aquel que lo creó.

Una multitud de pecados dominó la Tierra,

Despertando la ira de Dios, dejándolo arrepentido.

El Señor pensó que todo debería acabar,

Y a todos los humanos exterminar.

Antes de destruir todo, alguien ha sido gracioso para el Señor,

Ha sido Noé y su familia, los cuales Dios amó.

De ellos, el Señor se compadeció y decidió librarlos.

Un arca, Dios ordenó construir,

Pues la gran tempestad vendría a la Tierra.

Y solamente con el arca podrían sobrevivir.

Noé construyó de acuerdo con la orden del Señor,

Puso todos los animales y su familia.

Después vino la tempestad de Dios con gran furor.

Toda la Tierra fue arrasada y nada restó.

Después del diluvio, las lluvias cesaron.

Noé y su familia salieron y adoraron a Dios,

Y una nueva vida en la Tierra, ellos empezaron.

Morada del Señor

¿Quiénes somos nosotros delante de Ti, Señor?

¿Qué son nuestras vidas, si no un vapor?

Así mismo, en nosotros, el Señor se alegró,

Y en una casa elegida, Él habitó.

Es una casa de alabanza y adoración,

Donde vamos a suplicar tu unción.

Un local para hablar con el Señor.

Quedamos más cerca de su amor.

Cuando estamos perdidos, te vamos a buscar,

El Señor nos oye y viene a nos alegrar.

Cuando pecamos, vamos a pedir perdón,

El Señor viene hacia nosotros con su mano.

Solo el Dios verdadero nos puede oír,

Solo el Señor estará con nosotros hasta el fin.

Pues grandiosa es tu benignidad,

Y sus bendiciones son para toda la eternidad.

Socorro de Dios

Un día, en gran angustia, estaba.

Pensando: «¿Quién me podrá ayudar?

¿Quién me vendrá a salvar?»

Pronto, vino a mí la respuesta:

Hijo mío, confía, pues el Señor contigo está.

En mi Señor y mi Dios yo confié,

Dejando que Él actuase en mi vida.

Él actuó de forma magnífica.

Salvándome todos mis días.

La mano de Dios estaba conmigo,

Protegiéndome, bendiciendo, liberándome.

De todo tipo de enemigo que aparecía,

El Señor estaba siempre conmigo y me protegía.

Sacrificios

Muchas veces vamos a Ti para hacer un pedido,

Pedimos ayuda para algo alcanzar.

Vamos con súplicas, alabanza y adoración.

El Señor oye y está atento al deseo de nuestro corazón.

Tus oídos oyen nuestras súplicas y gemidos.

Nuestro corazón se liga al Señor,

Esperando tu bendición,

Y una respuesta en nuestro favor.

Para que el Señor conceda nuestro deseo,

Es necesario en Él confiar.

Y algunos sacrificios podrán ser necesarios,

Para su gracia alcanzar.

El sacrificio debe ser con placer y alegría.

Para que el Señor se pueda agradar.

Y la tan soñada bendición, Él nos va a dar.

Pecador

Yo soy un pobre pecador.

De sus gracias, no soy merecedor.

Muchos errores y transgresiones, yo cometí.

No soy digno de tu afecto sentir.

Así mismo, el Señor me amó,

Librándome de un destino terrible.

El Señor vino a mí y se presentó.

Tu palabra, mi vida cambió.

El Señor es un Dios maravilloso,

Libró mi espíritu de un fin doloroso.

Tu mano me vino a buscar,

Y hacia la salvación, me va a llevar.

¡Solamente el Señor es Dios!

Tu benignidad perdura para siempre.

El Señor es tan bueno,

Que hasta el pobre pecador pudo amar.

Y a la salvación eterna, lo va a llevar.

Obra bendecida por Dios

¡Oh Dios! Nosotros mismos nada podemos hacer,
Y si hay algo que hagamos,
Fue por causa de tu permiso y bueno querer.
Solo el Señor sabe lo mejor para nuestro ser.

Antes de hacer algo debemos dar glorias a Ti.
Para que pueda a nuestro favor intervenir,
Que una buena obra pueda ser cumplida,
Siendo por tu mano muy bendecida.

Tu mano está con nosotros para ayudar,
Fructificando todas las nuestras buenas obras.
Aquellas que a todo tiempo nos van a edificar,
Así, nuestras vidas van a mejorar.

El Señor quiere que podamos mejorar,
Basta con obedecerlo y en Él confiar.
Todo bueno a nuestro favor se moverá.
Para que el plano de Dios se pueda realizar,
Y después, con mucha gratitud, te vamos a glorificar.

Rescatado por el Señor

Yo pensaba que mi vida en perfecto camino andaba,
Todo iba bien y mucho yo prosperaba.
Pero algo estaba muy errado.
Yo no tenía a Dios a mi lado.

Todo lo que tenía eran malos frutos.
Nada era correcto y limpio,
Todas las cosas compradas con dinero sucio.

En aquel momento, solamente pensaba en dinero.
Y me olvidé de los mandamientos del Señor.
Un día, Dios actuó en mi favor,
Haciéndome ver todo aquel horror.

Así mismo, sabiendo que estaba errado,
No he querido cambiar de inmediato. Yo pensaba:
‹‹¿Lo que hay de errado?
Si hago eso, es porque estoy siendo perjudicado.››

¡Para Dios, no funciona así!

Un día, finalmente salí de allí.

Pensé que iba a evolucionar.

Una vez más estaba equivocado,

Y todo lo que hizo se volvió contra mí.

He perdido todo lo que había construido.

Estaba en el más profundo precipicio.

Miré hacia lo alto y pedí perdón a Dios.

Tenía fe que Él encontraría algo bueno en mí.

Y Él vino hacia mí y me perdonó,

Pasé por muchas pruebas y tribulaciones,

Después de todo eso, Él me levantó.

Ahora, siempre lo busco para adorar.

Confío en Él sin flaquear.

Sé que todo, Él puede cambiar.

Y cualquier vida, Él puede arreglar.

Prueba de Dios

Yo siempre intenté hacerme mejor,

Ser una buena persona temerosa de Dios.

Un día conmigo algo ocurrió,

Y muchas cosas malas me sucedieron.

He perdido prácticamente todo lo que tenía,

En un abrir y cerrar de ojos estaba arruinada mi vida.

No conseguía entender el porqué de aquello,

Solamente podía ver que todos mis sueños estaban destruidos.

Cuestionaba con Dios:

¿Señor, porque eso me ocurrió?

Soy temeroso a Ti, soy uno de los tuyos.

Y luego venía la respuesta:

Usted sabe el porqué, hijo mío

Yo sabía el motivo de todo.

Por mucho estuve con Dios y con el mundo.

Aquella era mi prueba, mi tribulación,

El Señor probaba mi corazón.

Así mismo, sabiendo que todo venía de Dios,

No fue nada fácil soportar.

Muchas veces lloré y lloré,

Esperando que Dios me escuchara.

Dios siempre me respondía:

Calma hijo, va a llegar su gran día.

En esa espera la angustia me dominaba,

Pasaba el tiempo y yo más lloraba.

En tiempo determinado todo se arregló,

Todas las angustias fueron sanadas por la mano del Señor.

Cómo está en su palabra: Él es nuestro Salvador,

Fue un gran socorro y de los males me liberó.

Ahora solamente lo quiero adorar,

Buscarlo cada vez más y más,

Para que más me pueda bendecir,

Y para la vida eterna llevar.

La recompensa de cada uno

A veces, parece que todo está al contrario,
Lo que hace todo correctamente pasa por gran aprieto.
Y todo sale bien para quien hace todo errado.
El mundo parece estar completamente equivocado.

Quien es correcto ve todo eso y queda disgustado,
Pensando: «¿Cómo Dios dejó eso acontecer?
¿Cómo Él puede dejar a los justos sufrir tanto?
Y aquellos que pecan van a enriquecerse.»

No te preocupes, pues Dios sabe de todo.
Él tiene el control de todo el mundo.
Mismo usted creyendo que unas cosas son un absurdo.
Dios tiene un plan perfecto para todo.

¡No cuestiones Dios porque el mundo es así!
¡Él es el Todopoderoso!
¡Y no debe explicaciones ni usted ni a mí!
Él sabe todo y lo que es impío tendrá su final.
Esté seguro de que será muy malo.

¿Qué provecho tuvo el impío en todo ganar?

Si su alma la hizo condenar.

Él se alejó de Dios y nada de Él quiso saber.

Ahora, en el final de la vida, solo resta para siempre perecer.

El Señor ve el sufrimiento del justo,

Y lo satisface de acuerdo con cada necesidad.

Pero muchas veces, queremos más,

No por necesidad, sino por nuestra vanidad.

Dios nos da lo que sabe que no nos perjudicará.

¿Qué provecho hay en tener todo lo que desear,

Y de Dios, el corazón se alejar?

Así, nuestra alma, la vanidad, va a condenar.

Para el justo y fiel es reservado el gran galardón,

Tener una vida con plenitud y paz,

Morir tranquilamente e ir para la eterna salvación.

La gloria de Dios

Señor, cada día, puedo ver tu gloria,
Despierto todos los días con paz y disposición.
Cada nuevo día, puedo vivir con alegría.

Veo tu gloria al mirar hacia los cielos,
Mirando las estrellas, la luna, el sol,
Todos fueron creados por el Señor,
Para que sean para nosotros como un farol.

Puedo ver tu gloria mirando el mar,
¡Cuán inmenso es!
¡Cuántas criaturas hay en sus profundidades!
Debajo de las aguas hay muchas preciosidades.

Veo tu gloria al mirar algunas obras,
Pues todo lo que fue creado fue inspirado por el Señor,
Y el ser humano es solo el constructor.

Señor veo tu gloria en toda la Tierra,
¡Todo lo que hizo es tan perfecto!
Todo está en el lugar correcto.
Solamente el Dios maravilloso puede hacer todo,
Un gran y eterno padre con muchos hijos.

Hijos que el Señor siempre va a amar.

Dándonos todo lo que vamos a necesitar,

Preparándonos para la gloria mayor,

Cuando la vida eterna nos va a dar,

Donde siempre Te vamos a dar glorias y adorar.

Alabar a Dios

Señor, es tan bueno, cantar alabanzas a Ti,
Ellas son la oración de mi alma.
Con alabanzas puedo declararte mi amor,
Y también meditar, tener paz y calma.

La alabanza es una pura oración,
Es una declaración de amor.
Es maravilloso, pues viene del corazón.
Haciéndome estar en espíritu de adoración.

Te adoro con mis labios,
Confieso a Ti toda mi gratitud.
Yo recuerdo todas tus bendiciones,
Me alegro al encontrar en Ti la compasión.

Solamente el verdadero Dios, siempre voy a alabar,
El Señor es digno de todo el honor y alabanza,
Pues primero, el Señor me amó,
Y de la muerte eterna, Él me salvó.

Estoy siempre alabando y esperando en Ti,

Espero el día el cual volverá para buscarme,

Para la vida de paz eterna me va a llevar,

Y en tu Santo templo, para siempre te voy a glorificar y alabar.

El perdón de Dios

Señor Dios, perdona mis pecados,

Soy un pobre y pequeño pecador.

Soy flaco y de Ti, estoy necesitado.

Perdóname por mis actos equivocados.

Que tu misericordia esté conmigo,

Borrando mis errores y transgresiones,

Protégeme Señor de las acusaciones del enemigo,

Pues él desea destruirme con sus opresiones.

Recuérdate Señor de mi buen corazón,

Que mis días buenos, sean agradables para el Señor.

Que tu perdón sea una alianza de amor conmigo.

Y tu benignidad esté conmigo para siempre.

Sáname de toda impureza y maldad,

Que en tus caminos, siempre pueda caminar.

Encontrando la verdadera paz y felicidad,

Y en tu habitación celestial, pueda morar.

El nacimiento

Hace dos mil años, algo muy especial ocurrió,
En una pequeña ciudad, Belén, un niño nació.
No fue un simple nacimiento,
En la historia humana, fue el mayor evento.

Una nueva estrella vino para el mundo iluminar.
Era Jesucristo, nuestro Señor.
Él vino para la verdad enseñar.
¡La verdad que solamente Él nos puede salvar!

Dios lo envió para liberarnos.
De la eterna muerte, Jesús vino a liberarnos,
Perdonando nuestros pecados,
Así, con Dios estamos reconciliados.

Toda la alabanza y gloria sean dadas al Señor,
Aún con nuestras fallas, mucho nos amó.
Dando a su hijo único, para nos rescatar,
Él pagó un altísimo precio,
Para la voluntad del Padre realizar.

Confianza en el Señor

A veces, soy burlado,
Me llaman loco, fanático, idiota.
No me importa nada de eso.
Pues con el Señor, tengo un compromiso.

Debo mi alabanza y gloria a Dios,
Solamente Él es mi único Salvador.
Dedico a Él todo mi clamor,
Confío en su providencia y favor.

En el camino de Dios, yo sigo feliz,
Obedeciendo a sus mandamientos y leyes.
Esforzándome para siempre complacerlo.
Esperando el regreso del Rey de los reyes.
¡Jesús! Que nos vendrá a salvar.

¡Yo te quiero, Señor mío!
Espero el regreso que prometió.
Guíame siempre hasta el día llegar,
Pues contra mí, muchos se van a levantar.

El mayor sacrificio

Oh Señor, ¿cómo te puedo agradar?

¿Qué puedo hacer para aprobarme?

Algún sacrificio financiero podría hacer,

Pero, ¿qué dar a aquel que es el Dios y todo puede tener?

Hay una cosa muy valiosa que puedo dar,

Mi corazón, te puedo entregar,

Obedeciendo sus leyes y estatutos.

Manteniendo mi corazón sincero y puro.

En mi vida, el Señor siempre reinará,

Tu palabra, todos los días me va a guiar.

De esa forma, tu favor, puedo alcanzar.

Y mi vida, el Señor bendecirá.

¡Dios! ¡Tu gracia es maravillosa!

Con el Señor mi vida es gloriosa.

Tus bendiciones están siempre conmigo.

Gracias, Señor, por tus misericordias.

Gracias por ser mi mejor amigo.

Misericordia de Dios

¡Señor Dios, venga a socorrerme!
Estoy muy débil y angustiado,
Necesito tu maravilloso favor.
Demuestra por mí, tu gran amor.

Son tantas cosas que se levantan contra mí.
Parece que no tengo ninguna salida.
Parece que este será mi fin.
¡Socórreme apresuradamente Señor!

En tu misericordia y piedad, siempre voy a confiar.
El Señor es el Dios del imposible,
Aquel que todo puede cambiar.
Solamente tu mano me puede socorrer y ayudar.

¡Oh Dios, oye mi llanto y clamor!
Y manifiesta en mí tu favor.
Tu ayuda es mi mayor recompensa.
Y esa ayuda siempre viene de manera especial,
Viene sobre mí de forma inmensa.

Siguiendo la voluntad de Dios

¿Qué es mi vida en esta Tierra?
Es solo un pequeño vapor que luego se dispersa.
En mis planes, no me debo exaltar.
En mis propias manos, no debo confiar.

Debo confiar solo en el Señor.
Él es quien todo puede hacer.
Es Él que hace mi obra crecer.
Solamente el Dios maravilloso puede mover el mundo.

Tus manos están sobre toda la Tierra,
El Señor es el único que todo gobierna.
Tus ojos contemplan mi caminar,
Si hago conforme tu voluntad,
El Señor hace mi plan prosperar.

De ese modo mantengo mi planificar,
Siempre pensando: Si el Señor quisiera y bendice,
Haré eso o aquello, pues si Él lo bendice,
Es la confirmación que Él se agrada con mí actuar.
Así, mi vida y obras van a prosperar.

Agradecimiento a Dios

Alabo y agradezco a Dios todos los días,

Él siempre está conmigo, es mi Señor y protector.

Él no deja faltar absolutamente nada.

Él es el único y verdadero Dios de amor.

Él me ama como soy, flaco e imperfecto.

Dios me escogió para ser su hijo.

Él me sacó de un lago de lodo y suciedad,

Y me puso en la rectitud, en sendas de verdad.

Él analiza mi caminar,

Guía mis pasos para un lugar largo y espacioso.

Un lugar donde hay muchas delicias y felicidad,

Es un lugar bendito, donde reina la verdad.

Señor consérvame en el buen camino,

Líbrame de los males que me persiguen.

Pelea contra los enemigos que buscan mi fin,

Siempre me bendiga y que tu mano siempre esté cerca de mí.

La palabra de Dios

¡Oh Señor! Tu palabra, debo obedecer,
Todos tus juicios son sabios.
Tus estatutos son muy agradables.
Para nuestras vidas, tu palabra es un buen placer.

Solamente tu infinita sabiduría nos puede guiar,
Tus preceptos son perfectos,
Para que en paz podamos andar.
Y del mal nos vamos a desviar.

Danos, Señor, un buen entendimiento,
Así, miraremos mejor tu ley,
Y seguiremos tu verdadero mandamiento,
Con sabiduría, paz y discernimiento.

Gracias, Señor, por la dirección que nos da.
Un camino de verdad, luz y vida.
El camino para nuestra alma salvar.

Alabe a Dios

Debemos siempre alabar el Señor,

Debemos alabar siempre con mucho amor.

Con muchos instrumentos y con nuestra voz.

La alabanza debe ser pura y de corazón,

Dios recibirá la alabanza con satisfacción.

Anunciemos todas las bendiciones de nuestro Dios,

Cantando las maravillas que Él hace a los suyos.

Proclamando que es bueno seguirlo.

Diciendo cómo es bueno ser su hijo.

Alabando con una canción bella y agradable.

Somos un pueblo santo y elegido,

El Señor nos tomó como hijos.

Cantemos eso para todas las naciones.

Para que nuestro Dios sea alabado.

Señor Dios, es maravilloso alabar a Ti.

Padre, pone una nueva canción en mí.

Para que todos los días yo te pueda alabar,

Y tu Santo Nombre, siempre exaltar.

El cuidado de Dios

Dónde está el Señor Dios, mal, no habrá.

Él líbrame de todo mal que se levantar,

Tu mano es poderosa para salvar,

Sus hijos, Él siempre guardará.

El Señor ama a sus hijos,

Nunca los desampara y ni los deja necesitados.

Dios sustenta a sus amados.

Bajo tu protección, ellos están guardados.

La protección de Dios es poderosa.

Guiando los pasos y caminos de cada uno.

No dejando al fiel se perder ni engañar.

Conduciendo para que se pueda salvar.

La salvación no es solamente de los males de la Tierra,

Hay salvación para la vida eterna.

Donde todos estarán siempre con nuestro Señor.

Disfrutando del más perfecto amor.

La sabiduría de Dios

El Señor sabe de todas las cosas,
Solamente a Ti pertenece el verdadero saber.
Tu inteligencia es gigantesca e infinita,
Y en todas tus obras, ellas habitan.

Tus obras son maravillosas,
Tus construcciones son gloriosas.
Muy perfecto es tu planificar.
Regido por tu soberano conocimiento,
Haces todo correctamente se acertar.

Tu acierto es permanente.
Tu realización es fiel y confiable.
Al ver la conclusión de tu plan,
Veo cómo es un Padre sabio y agradable.

Cuán grande es tu sabiduría,
El Señor tiene todo el conocimiento,
Dame Señor buen entendimiento,
Pues esto será para mí una gran alegría.

El trabajo de Dios en mí

Señor, yo amo tu corrección.
Como un buen padre, el Señor me reprende.
Yo entiendo que no es para mi mal.
Es para crear en mí un buen corazón.

Mi carácter es moldeado por el Señor,
Tu mano viene y moldea mi ser.
Como una vasija, estoy siendo modelado.
Siempre con tus manos de amor.

Mi forma, mucho ya cambió,
A los pocos, el Señor me transformó.
Él me tiró de aquel viejo barro,
Haciendo una vasija de honra y valor.

Que tu mano siempre esté conmigo,
Que mi corazón encuentre en Ti el abrigo.
Pues ahora, una nueva creación soy.
Y siempre quiero estar con el Señor.

Gratitud a Dios

Gracias, Señor, por mis posesiones,

Te doy gracias por todo lo que tengo.

El Señor provee todo lo necesario,

Y también líbrame de las confusiones.

Todo lo que el Señor da es precioso,

Pues con mucho amor, el Señor da.

Que yo siempre encuentre gracias en tus ojos,

Y el Señor haga mi vida mejorar.

Quiero que mi vida esté en el centro de tu voluntad,

Que yo tenga un corazón recto y generoso con todos,

Para que en mi vida reine la bondad.

La bondad es agradable al Señor,

Pues Él es un Dios de mucho amor.

Por todo lo que hace de bueno, siempre lo exaltaré,

Si tengo algo, fue de Ti que gané.

La protección diaria

Señor, bendice mi día,

Bendice y guía mi caminar,

De todos los males que se levantan,

El Señor me va a guardar.

Todos los días, muchas cosas, voy a enfrentar,

Hay gente que se puede levantar,

Trampas malignas para pegarme,

Enlaces destructores me intentan apañar,

En medio a todo eso, hay Dios para librarme.

¡Él es el Señor Dios, el Todopoderoso!

Solamente Él me puede proteger,

Él no dejará nada vencerme.

Dios no deja el mal prevalecer.

De todo el mal, Él me va a librar,

¡Mi Dios es el mejor que hay!

Pues mi vida, Él siempre va a salvar,

Y hacia la vida eterna, Él me va a llevar.

El plan de Dios

Aplica en mi vida tu querer,

Quiero que en mi vida haga tu proceder,

Pues solamente el Señor sabe lo mejor para mí.

Deseo que el Señor me guíe hasta el fin.

Solamente tu voluntad es recta y perfecta,

Tus caminos son largos y espaciosos,

El Señor conduce a buenos lugares,

Lugares excelentes, lugares maravillosos.

Señor, no me dejes desanimar,

Segura mi mano y da firmeza a mi caminar.

Muchos son los problemas y aflicciones,

Y grandiosas son las tribulaciones.

Yo confío plenamente en el Señor,

Guárdame el día de la angustia y escucha mi clamor.

Dame fuerza para siempre continuar,

Deseo ser sumiso a tu voluntad y siempre te glorificar.

Dios, yo aguardo tu proceder,

Sé que cuando actuar será algo sobrenatural,

Veré tu gran gloria y poder.

Tu gran bendición, voy a recibir.

La semana

El domingo voy a la iglesia,

Busco a Dios con todo mi corazón,

Con mucha alabanza y oración.

Regreso a casa sintiéndome curado.

El Señor me dio fuerzas y estoy renovado.

Viene el lunes y ya llega la dureza,

Paro y pienso: «¡Oh Dios, qué tristeza!»

Luego Dios toca mi camino.

Y retira de mí toda la flaqueza.

El martes se aproxima la tentación.

Son tantas cosas que aparecen en mi vida,

Intentando desviarme de la bendición.

Solamente Dios puede librarme de esa situación.

¡Ha llegado el miércoles!

Y los problemas vienen siempre fuertes.

Solamente Dios puede librarme.

Oro y le pido para guardarme.

Luego ya es el jueves y está casi acabando,

La semana, la paciencia, la paz y la tranquilidad.

Solamente las luchas no están terminando.

Intento seguir siempre firme y fuerte,

Pues la semana ya está casi finalizando.

Gracias a Dios, ya es el viernes,

El día que nuevamente voy a la iglesia.

En ese día, mucho voy a orar,

Preciso mucho me renovar,

Pues la semana me desgastó.

Finalmente, es el sábado, el día para descansar,

El día para intentar renovarme,

Mañana es el domingo, una nueva semana va a empezar.

Con nuevos desafíos y luchas.

Pero no voy a desanimar,

Sé que Dios conmigo está.

Y de todos los males, Él me va a librar.

Falsos dioses

Hay cosas que la gente siempre va a adorar,
Puede ser una imagen u otras cosas.
Adoran inútilmente, pues en ellos, poder no hay.

Las imágenes tienen boca y no pueden hablar,
Oídos que no pueden escuchar.
Ni espíritu para responder.
Quedan siempre paradas y nada pueden hacer.

Son obras de hombres pecadores,
Que las hacen para multiplicar los adoradores,
En madera, piedra o metal,
Ellas son hechas para la multiplicación del mal.
Pues hay solamente uno que debemos adorar:
¡El Señor Dios!
Nuestro clamor, Él puede escuchar,
Solamente para Él debemos orar.
Solo el Dios Todopoderoso todo puede cambiar.

No busque a dioses hechos por humanos,
Son solamente malas obras de hombres mundanos.
Son una abominación para el verdadero Señor,
Él desea de nosotros la pura alabanza y amor.

Alabe solamente al verdadero Dios,

Él nunca nos va a desamparar,

Solo Él puede salvarte, y hacia la vida eterna, te llevará.

Esperar en el Señor

El Señor actúa de forma misteriosa,

Él hace cosas que no conseguimos comprender.

Pero en el tiempo oportuno, su gloria va a aparecer.

Mostrando a todos su mano poderosa.

La mano de Dios viene para ayudar,

No vienen en el tiempo que queremos.

En el tiempo perfecto de Dios, ella vendrá.

El momento el cual el Señor va a determinar.

No es fácil esperar el tiempo del Señor,

Pues somos muy flacos y no resistimos al dolor.

Mismo con dolores, precisamos tener mucha fe.

¡Tenemos el Dios que todo puede cambiar!

En nuestro socorro, el Señor no tardará.

Confíe en los caminos del Dios Todopoderoso,

De todos los males, Él nos librará,

De muchas trampas y maldiciones, Él nos alejará.

Cuando sentirse solo, ore con el corazón,

Y tu aflicción, el Señor oirá.

Él te dará fuerza para continuar.

No desanime, queda firme en la eterna roca.

Cuando estamos en grandes batallas,

Es señal de que la gran victoria está próxima.

Anunciando las buenas nuevas

Vayan por todo el mundo y anuncien las buenas nuevas.

Esa es la instrucción que Jesús nos dio,

Él es la buena nueva que Dios prometió.

Debemos llevar eso a todo el mundo.

Para que puedan recordarse del cordero que pereció.

Él murió para todo el mundo ser salvado,

Para que tengamos la oportunidad de ser renovados,

Y ser limpios de todo pecado.

Con una nueva vida en Jesucristo,

Debemos anunciar su salvación por el mundo.

Muchos están perdidos y sin dirección.

Precisando de una palabra de amor.

Algo verdadero que toque al corazón.

El evangelio de Cristo tiene ese poder.

El poder para que todos sean liberados,

Poder para que todos sean curados.

Para que la gente pueda conocer a Jesús,

Apenas depende de mí y de usted.

Precisamos anunciar el mensaje,

Así, en Cristo, muchos podrán creer.

Librándose del mundo que les hace sufrir,

Yendo hacia Dios que los va a proteger.

Ahora ya sabemos lo que debemos hacer:

Ir por todo el mundo y hablar de Jesús,

Dando testimonio del sacrificio de la cruz.

Tomando la gente de las tinieblas y llevando a la luz.

De esa manera, el mundo puede cambiar.

Rescatando las almas que están perdidas.

Así, muchas vidas se van a salvar,

Y en la eternidad, juntos, todos vamos a estar.

Camino con el Señor

El Señor nos tiene por pueblo elegido,

Él nos separó del resto del mundo.

Él nos tomó para que seamos sus hijos,

Y está siempre caminando a nuestro lado.

Con nosotros, está su poderosa mano.

Con su brazo fuerte, Él líbranos de la desolación.

Librando de los que se levantan en contra, los enemigos.

El Señor nos da un seguro abrigo.

Para tener todo eso, Él solamente pide una cosa:

Que lo amemos con todo nuestro corazón,

Alejándonos de las maldades del mundo,

Y de todos los tipos de abominación.

Mismo Dios pidiendo tan poco de nosotros,

Algunos no logran obedécelo.

Ellos siguen sus propios caminos,

Y por el Señor, no tienen ningún celo.

Practican todo tipo de abominación:

Idolatría, peleas, maldad y prostitución.

El Señor queda muy triste con lo eso,

A Él no le gusta perder a sus hijos.

Con ellos, Dios no se quiere enojar,

Y espera que los perdidos se puedan arrepentir.

De brazos abiertos, el Señor va a esperar,

Como un buen padre, Él va a perdonar.

El arrepentimiento tiene que ser de corazón,

Para que Dios libere el verdadero perdón.

Así, con Dios, el perdido va a reconciliar,

Y una nueva vida, llena de la gracia del Señor, va a empezar.

Con mucha paz, alabanza y gloria.

Pues está empezando una nueva y más feliz historia.

La venida del Salvador

En tiempos antiguos, muchos esperaban su prometido.

Aquel que sería el Salvador, el elegido.

Ellos sabían que algo bueno ocurriría,

Y que en este mundo, una nueva luz vendría.

Sería alguien lleno de su Santo Espíritu,

Alguien para cumplir todo lo que estaba escrito.

Mucha gente, este hombre iba a liberar,

Muchas naciones, este hombre iba a salvar.

Los judíos sabían de dónde Él vendría,

Pero no sabían cuando Él aparecería.

Todos estaban muy ansiosos y deseosos,

Ellos esperaban el Mesías delante de sus ojos.

En el tiempo cierto, Él vino a este mundo,

No nació en la riqueza, sino en la pobreza.

Por ese motivo, algunos no le aceptaron,

Pues esperaban que naciese en la realeza.

Entre los hombres, fue despreciado,

Así mismo, anunció la verdad de Dios,

Todos oyeron el mensaje y Él ha sido criticado.

Tuvieron la audacia de decir que Él estaba endemoniado.

Jesús no se importó con eso,

Siguió normalmente su camino.

Él enseñaba del Reino de los Cielos por dónde andaba.

Y mucha gente fue curada.

Él fue el unigénito de Dios,

Que el Señor envió para el mundo rescatar.

Pero los "doctores de la ley" no lo quisieron aceptar.

El Señor Jesús no desistió,

Y en su misión prosiguió.

Él dejó el mensaje del más gran amor,

El amor que viene de nuestro Señor,

Que envió a Jesús para nos salvar,

De todos los pecados, Él nos puede perdonar.

Y a la vida eterna, al lado del Padre, Él nos va a llevar.

Vida con el Señor

El Señor nunca nos abandona.

Él está siempre a nuestro lado.

Hasta mismo cuando estamos equivocados,

De nosotros, Él no queda alejado.

Dios espera que podamos arrepentirnos,

Con nuestro cambio de actitud, Él tiene placer.

Pues el Señor no quiere condenarnos.

Nuestra vida y alma, Él desea salvar.

Su salvación es algo espectacular,

Dios cuida todo el tiempo de nuestras vidas,

Y en buenos lugares nos va a colocar,

Para que, a través de nuestras vidas,

Podemos exaltarte y glorificarte.

Con una vida bendecida por Dios,

Para mucha gente podemos testimoniar.

Y viendo la gloria de Dios en nuestras vidas,

Todos se van a arrepentir y transformar.

Ellos vendrán a Dios, nuestro Salvador y Señor,

Toda la gente, Él primero amó.

Nuestra vida, por mucho tiempo, Él guardó,

Para que pudiéramos convertirnos,

Y declarar a todos acerca de su amor.

El enojo tardío

Israel y Judá por mucho tiempo estuvieron pecando.

No obedecían a su voz y mandamientos,

Todos se alejaron de ti, Señor, yendo por malos caminos,

En bosques estaban incensando y ante los ídolos, se inclinando.

Olvidaron todas sus bendiciones.

Todos se contaminaron con cosas de otras naciones.

El pueblo de Dios se juntó con ellos en las abominaciones.

Haciendo todo lo que parecía recto en sus corazones.

Todo eso, el Señor observó,

Esperó mucho tiempo hasta que se enojó.

Mismo enojado, no los destruyó de inmediato.

Él envió profetas que los alertaban sobre los pecados.

Pero nadie los quiso oír ni darles atención,

Al contrario, buscaban a los siervos del Señor para su destrucción.

El Señor Dios percibió que el pueblo era insensato,

Y nadie buscaba arrepentirse de los pecados.

Por algún tiempo Dios reprimió su enojo,

Librando del opresor y del ladrón aquel pueblo.

Él tenía la esperanza que el pueblo pudiera cambiar,

Y a su presencia, pudiesen regresar.

Infelizmente, el cambio no ocurrió,

Toda la nación pecadora pereció.

Algunos fueron muertos y otros al cautiverio fueron levados.

Allá quedaron tristes y desolados.

Y comprendieron la gravedad de sus pecados.

Reencontrando el camino

La gente insiste en no oírte.

Andan por sus propios caminos.

Buscan muchas cosas, pero todo es absurdo.

Al final, siempre están solos.

Vagan y yerran en el caminar,

Pues no tienen nadie para guiar.

Así siguen por caminos desagradables,

Tornando sus caminos y elecciones detestables.

Esa vida errante puede cambiar,

Basta al Señor Dios entregarse.

Los yerros del pasado, Él va a perdonar.

Con Dios, una vida nueva tendrá.

Solo, usted no más quedará.

En buena compañía, usted siempre estará.

Nuestro Padre celestial te guiará.

Por buenos caminos, usted seguirá.

Serán caminos y lugares bendecidos.

Usted será conducido a un lugar alto.

Para la morada eterna con el Señor.

Que de un mundo triste te libró.

Y para siempre, su alma, Él salvó.

Tiempo de desolación

Hay momentos en que estamos arrasados,
Todos nuestros pilares fueron derribados.
Nuestra casa parece estar asolada.
Nuestras estructuras fueron dañadas.

Somos expulsados de nuestra tierra,
Enviados a un terrible cautiverio.
Colocados bajo grandes tribulaciones.
Quedamos subyugados, bajo pesadas opresiones.

Nuestros ojos se deshacen de tanto llorar,
Pensamos: «¿Qué mal hicimos para que eso sucediera?»
En vano utilizamos el tiempo para cuestionar,
Pues en lo íntimo, sabemos la razón por todo eso pasar.

Fuimos desobedientes con nuestro Señor,
Rompemos su santa alianza.
Y cometemos muchas maldades y abominaciones.

Antes de dejarnos en aprieto,

Mucho nos avisó y tardó en desviar su amor.

De muchas maneras, Dios nos intentó quebrantar.

Dios siempre esperó que pudiésemos cambiar,

Y para su ley, fuésemos regresar.

El Señor se demoró en enojar.

Vino mucha gente en su nombre,

Pero no hemos querido oírlos,

Preferimos las falsas palabras de la gente.

Ahora pagamos caro por eso...

Mismo con tanta desolación y horror,

Tenemos esperanza en la misericordia del Señor,

Esperamos su perdón y reconciliación,

Pues sabemos que es un Dios de amor.

Desierto y bonanza

A veces, viene un gran desierto hacia nosotros,

Miramos hacia el lado y vemos que no hay nadie,

Y sentimos muy flacos y solitarios,

Necesitamos la presencia de alguien a nuestro lado.

Alguien para oírme, alguien que yo pueda hablar,

Alguien que realmente sea sincero y pueda ayudar.

Buscamos a esta persona, pero no es fácil encontrarla.

La situación empeora y empezamos a desesperar.

Estamos en completo desespero y todo parece perdido.

Vivimos día tras día y cada uno es más sufrido.

Yo quedo en angustia, desespero y preocupación.

Busco en todos lados y no encuentro la solución.

Cuando todo parecía perdido, una luz se encendió.

Vino del alto y de una vez, mi problema se resolvió.

Fue un gran milagro del grandioso Dios,

Que en un abrir y cerrar de ojos ocurrió.

Ahora todo está nuevo y renovado,

Yo quedo más feliz y estoy despreocupado.

Pues sé que el Señor está a mi lado.

Engaños y verdades

Muchos no respetan su palabra.
Creen que la biblia es solamente una fábula.
Ellos no tienen ninguna reverencia por ti,
Piensan que es una invención y no existe.

Buscan maneras para difamar,
Intentan hacer la gente desacreditar,
Destruyen y queman muchas biblias,
Pues piensan que tienen autonomía en sus vidas.

Estos incrédulos están totalmente equivocados.
Ellos están perdidos en muchos pecados.
En medio de fangos, todos están atrapados.
Muchas veces, están siendo atormentados.

Pues ellos no tienen el amor del Señor,
Un amor que todo llanto consoló.
Con un brazo fuerte me abrazó.
Y de gloria, mi vida se rellenó.

Para que el Señor nos ame, tenemos que escucharlo.

Amar a todos sus mandamientos.

Y alejarnos de los absurdos, engaños y pecados.

Así, podremos ser sus instrumentos.

Vamos a ser instrumentos de paz y amor.

Llevando a todos, el mensaje del Salvador,

Aquel que por todos dio su vida.

Para que todos puedan conocerlo.

Liberándose de un mundo terrible,

Para que conozcan el amor indescriptible.

Desviando del Señor

El Señor separó para Él una nación.

Guiándola con su brazo fuerte,

Estaban siempre bajo su protección.

Con el Señor, ellos tenían una gran comunión.

Ellos estaban tranquilos y no necesitaban trabajar,

Solamente para el Señor Dios, ellos se deberían doblar.

Muchas delicias eran concedidas todos los días,

El pan, la carne y la miel caían de los cielos.

Todo era maravilloso y perfecto,

El Señor proveía todo el mantenimiento.

Nunca los dejaba ni abandonaba,

De muchos males, les alejaba.

Todos que se erguían contra ellos,

Con su mano, el Señor les derribaba.

Mismo con todo eso, dejaron el Señor.

Sirviendo a dioses extraños, imágenes de fundición.

Pervirtieron todos sus santos caminos,

Siguiendo una detestable abominación,

Que contaminó todo corazón.

Vendo que sus hijos estaban perdidos,

El Señor envió a sus elegidos.

Los profetas, enviados para enseñar,

Y todas las almas perdidas, rescatar.

Para aquella nación, eso no se aprovechó.

Dios ya sabía que su pueblo se había perdido.

Y el clamor de los profetas no fue oído.

Después de enviar muchos avisos,

Vino el castigo para condenarlos.

Ellos estaban arrestados en una vida sufrida,

Y lloraban amargamente todos los días.

Esa fue la recompensa por su idolatría,

Permanecer en el cautiverio por muchos días.

De ese modo, una lección ha sido aprendida:

Para tener una vida buena, obedezca al Señor todos los días.

El amor de Dios

El Señor Dios nos ama,

Y su bondad está con nosotros para siempre,

Él pide que seamos obedientes,

Y a sus mandamientos, seamos reverentes.

Solamente tu voz, debemos escuchar,

Solamente tu Santo Nombre, debemos adorar.

Él es el Dios verdadero que nos va a ayudar.

De tus caminos, no debemos desviar.

Fuera de tu ley hay caminos incorrectos,

Son muchos engaños, transgresiones y destrucción.

Haciendo en nuestra vida un gran lodazal.

Vemos siendo consumidos por un gran mal.

Al ver nuestro estado tenebroso,

El Señor se muestra un padre muy amoroso.

Él desea nuestra sincera conversión,

Él anhela oír nuestro pedido de perdón,

¡Dios nos ama y quiere nuestra salvación!

Arrepintiéndose del mal y volviendo al Señor,

Él nos recibirá con gran amor,

Así, nuestros pecados serán perdonados.

Todos los errores serán borrados.

Volveremos a tener una vida muy feliz.

Pues Dios estará nuevamente a nuestro lado.

El Señor en mi batalla

Muchos enemigos intentaron destruirme,
En otras tierras, ellos esparcieron la muerte.
Con todas sus fuerzas venían sobre mí.
Ellos eran más numerosos y más fuertes.

Planificaron un ataque que vendría con gran violencia,
Pronto vinieron hacia mi frontera.
Sus ejércitos venían como una gran tormenta.
Intentando ponerme en desolación y horror.

Mismo con tantas amenazas, nunca me preocupé,
Pues tengo el Señor Dios a mi lado.
Él es mi fuerza, y en Él, siempre confiaré.
El Señor es más fuerte que cualquier soldado.

En mis batallas, Él va a luchar,
Los que se levantan contra mí, Él va a derribar.
Dios es mi guardián y protector,
De muchos males y peligros, Él ya me libró.
Soy fiel a Él y siempre confío en su amor.

El Señor es nuestro pastor

Antes, todos andábamos esparcidos,

Íbamos para todos lados, parecíamos perdidos.

No teníamos nadie que nos pudiera guiar,

Nadie que nos fuera a rescatar.

El camino era incierto y sin dirección,

A través de él, muchos se perdían,

Y otros, en la estrada, morían.

Con tantas pérdidas, muchos se entristecían.

Precisábamos de alguien para guiarnos,

Para que cuando una oveja se perdiese,

Él fuera a buscarla con mucho amor,

¡Necesitábamos un salvador!

El Señor miró nuestra necesidad,

Y Él mismo vino a ser nuestro pastor.

Él nos reunió en un solo lugar,

Donde quedamos para adorar y glorificar.

De todas las amenazas, Él nos libró,

Los lobos, para muy lejos, los espantó.

Y cuando alguna oveja sale de su aprisco,

El Señor va a buscarla con mucho celo.

Poniéndola de nuevo en su camino,

Limpiando cualquier suciedad que esté en su pelo.

Gracias, Señor, por ser nuestro pastor.

Gracias te damos por su gran amor.

Que en tu aprisco podamos siempre quedar.

Sabemos que solo el gran pastor nos puede salvar.

Daniel

Su siervo fue echado en una tierra distante,

Fue enviado a un extraño local.

Allí, nadie quería ayudarlo.

Al contrario, buscaban su mal.

De muchas maneras, trataron de acusarlo.

Varias veces intentaron matarlo.

Por todos, él fue perseguido,

Pues los reyes lo tenían como preferido.

El rey era impío y practicaba maldades,

Pero al ver la vida de aquel siervo.

Percibió que él seguía al Dios de la verdad.

El único Dios que todo puede hacer.

Con fe en Dios, él fue salvado muchas veces,

Por más que intentasen derribarlo,

Pronto venía el ángel del Señor.

Y de todo el mal iba a salvarlo.

Con su siervo, Dios fue fiel.

Nunca lo dejó abatir ni perecer.

Siempre lo salvó con su poder.

Sobre toda la gente, Daniel pudo vencer.

La salvación

Piense en un nuevo lugar,

Donde ni llanto ni tristeza habrá.

Ni pelea, ni guerras y ni dolor.

Habrá solamente mucha paz y amor.

Yo sé que parece imposible acreditar,

Pero este lugar maravilloso existirá.

Y podremos estar allá.

El Señor Jesucristo, usted debe aceptar.

Para que Él te pueda salvar.

Siga al Señor, ámalo de todo tu corazón.

Crea intensamente y pida su perdón.

Jesús defiende su causa.

Y te lleva a la plena y perfecta salvación.

Un nuevo tiempo en su vida va a empezar,

Pues la salvación usted poseerá.

Todos los días, Jesús te guiará.

En caminos agradables, Él te pondrá.

Los males que se levantan, Él espantará.

Después de una vida muy bendecida,

Llegará el tiempo de volver al Señor,

Volveremos a nuestra morada celestial.

Donde viviremos el más puro e intenso amor.

Alejándose del camino

Muchas veces insistimos en ser contrarios a Ti.

No te obedecemos ni oímos.

Insistimos en no hacer lo que nos dice.

Tu voluntad, queremos ignorar.

Hacemos lo que pensamos ser agradable.

Dejamos tu ley y consejo.

Pensamos que todo lo que existe es aceptable.

¡Pero es una gran mentira!

Una mentira de aquel que quiere destruir nuestra vida.

Él trabaja para que nos alejemos de Dios,

Para que seamos ovejas perdidas del rebaño.

Creando la oportunidad para sus lobos devorarnos,

Y a la muerte y destrucción llevarnos.

¡Estos enemigos nos odian en demasía!

No aceptan que Dios sea nuestro padre.

A toda costa desean nuestra destrucción.

De la gloria de Dios, quieren nuestra destitución.

Por eso, es importante someterse al Señor,

De esos males, solo Él puede protegernos.

Solo Jesús es nuestro Señor y Salvador.

Por nosotros, Él tiene un inmenso amor.

Oiga lo que dice la voz del Señor:

Hijo renuncie el pecado y vuelva a su pastor,

Pues solo yo, el Señor, puedo salvar tu vida.

Y la vida eterna te puedo dar.

Solo debes amarme y mis mandamientos aceptar.

Regresando al camino

La voz de Dios, no queremos escuchar.

Preferimos hacer apenas lo que nos interesa.

Cambiamos nuestro foco y hacemos otros planes.

Olvidamos a Dios y lo dejamos en la reserva.

El camino del Señor queda como el plan "B".

Solo queremos a Dios, si algo suceder.

Pensamos: ‹‹En nuestra vida, nada va a cambiar,

Seremos desobedientes y de igual manera, todo quedará.››

En esta mentira, usted no debe acreditar.

Fuera del camino de Dios, en peligro, usted está.

A todo momento el enemigo intentará destruirte.

Por caminos terribles, él te hará seguir.

Y hará usted creer que todo es normal.

Usted quedará ciego y no verá lo cuanto está mal.

Si usted yerra, pronto el Señor te corregirá.

Cómo un padre bondadoso, Él te va a educar.

En su vida, el Señor hará una corrección.

Puede ser a través de una gran tribulación,

Para que usted pueda cambiar su corazón.

Dios quiere verte cambiar,

En su vida, Dios quiere estar en el primer lugar,

Quiere que la voz del Espíritu Santo, usted vuelva a escuchar.

Déjalo actuar y tu vida cambiará.

Después de Dios transformarte,

En su voluntad, tu vida se afirmará.

Ahora, Dios guiará tu caminar.

Al Señor, usted siempre agradecerá.

Pues Él no te dejó perecer,

Del triste camino, Él te libró.

Y tu vida, Él salvó.

La protección de la familia

El demonio desea destruir las familias,

En la vida de la pareja, él pone trampas todos los días.

Él utiliza muchos medios para hacerlo.

Con sus armas malignas, él ataca todos los días.

Porque la familia es un proyecto del Señor.

En nuestros corazones, Él puso el amor.

El amor debe ser compartido.

A su lado, la pareja siempre tendrá a Cristo.

Con Jesús, un camino genial podrá ser hecho.

Él protegerá a la familia con su escudo poderoso.

La pareja feliz estará bajo la cobertura perfecta.

Toda trampa y tentación serán deshechas.

Entregue su familia al Señor Jesucristo.

Solo Él te podrá librar de muchos peligros.

Toda su familia se podrá salvar.

Y bajo la luz y bendiciones, todos van a quedar.

Liberado del pecado

Una pesada cadena estaba en mí,

Con ella, era muy difícil caminar.

Pensaba en seguir por muchos caminos,

Pero por dónde andaba, ella siempre me molestaba.

Parecía que yo era un esclavo.

Pero no era una esclavitud común.

Yo era un esclavo del pecado.

Eran muchos pecados que corroían mi vida.

Mi alma parecía estar herida.

Necesitaba urgentemente libertad.

Precisaba salir de aquella prisión de la maldad.

Muchos eran mis lamentos.

Y todos los días, nuevos sufrimientos.

Un día, vino mi soñada libertad.

El Señor vino hacia mí con la llave.

De mi prisión, Él me liberó.

Para mí, una nueva vida empezó.

De todo lo que era maldad, Él me liberó.

Ahora vivo bajo la protección del Dios de amor.

Aquel que de todos los males me liberó.

Con su brazo fuerte, Él me rescató.

Solamente Él, voy a adorar,

Pues solo su misericordia me pudo liberar.

Jesús, nuestro abogado

No juzgue, para que no sea juzgado.

No condene, para que no sea condenado.

El propio Jesús no vino para juzgarnos.

El Señor vino para salvarnos.

En nuestra causa, Él va a abogar.

Cuando el enemigo haga la acusación,

Jesús está listo para ser la protección.

De toda acusación, el Señor te librará.

El mal del enemigo, Él va a derrotar.

Con Jesús, una vida nueva empezará.

Bajo una protección excelente, usted permanecerá.

Para comenzar, una cosa debe ocurrir:

Confesar que Jesús es Señor y Salvador.

Aquel que confiesa a Jesús se va a salvar.

Pues delante de Dios Padre, Jesús nos va a confesar.

De un infierno terrible, Él te alejará.

Hacia la vida con eterna paz, Él te conducirá.

Arrebatamiento

En el gran día, ocurrirá cómo un relámpago.

De repente aparecerá del oriente hasta el occidente.

Muchos quedarán sin saber lo que hacer.

Ellos pensarán: «¿Qué ha sido eso que vimos acontecer?»

Lo que aconteció fue el regreso del Hijo de Dios.

Jesucristo volvió y buscó los suyos.

Recogió a todos los que eran rectos y justos.

Dejando solamente el mal en este mundo.

Los que queden pensarán: «¿Cómo puede ser?»

Sin Dios, ¡en tinieblas este mundo va a parecer!

Esa será la dura y verdadera realidad.

Sobre eso, el Señor mucho avisó.

Pero infelizmente ni toda la gente lo escuchó.

La gente dejó la palabra de Dios de lado.

Todos prefirieron permanecer en sus pecados.

Ellos se alejaron de los caminos rectos y justos,

En el momento del sufrimiento se recordaron de Cristo.

No deje eso acontecer con usted.

No espere ver para después creer.

Acepte a Jesús como Señor y usted no se va a arrepentir.

Pues la vida eterna, Él te va a dar.

Y de muchas tormentas y tribulaciones, Él te librará.

Las maravillas de Cristo

Por toda la tierra de Israel, el Señor andaba.

Por sus manos, mucha gente fue curada.

Todas las enfermedades fueron sanadas.

Las noticias de sus hechos se divulgaban.

Por donde pasaba, todos te reconocían.

Al aproximarse de algún espíritu maligno, éste lo temía.

Pues sabía que en el infierno, el Señor lo echaría.

Cumpliendo la gran promesa de Dios:

Que de todos los males nos libraría.

De muchos males, su mano los libró.

Curó enfermedades, limpió la lepra y demonios expulsó.

¡Quién tiene ese poder es Jesucristo!

¡Solo el Hijo de Dios puede hacer todo eso!

Además, Él dejó un lindo mensaje.

Que amásemos los unos a los otros,

Y con nuestros hermanos, practicásemos la bondad.

Así, dejó claro el propósito de Aquel que lo envió,

Confirmar que el Señor es el Dios de amor.

Él nos amó tanto que su hijo entregó.

Él fue humillado y en la cruz crucificado.

Jesucristo hizo todo eso por amor.

Su sacrificio fue lo que nos salvó.

Sobre sí, nuestros pecados, Él llevó.

Después de tres días, resucitó y a los cielos se elevó.

Al lado de Dios, Él siempre será nuestro intercesor.

Con nosotros, su Espíritu Santo es nuestro consolador.

Aguardamos y vigilamos todos los días.

Hasta que finalmente el Señor haga la segunda venida.

Gracias por Jesucristo

Jesús, el Señor, fue el Santo de Israel.

El verdadero Dios Vivo, el Emanuel.

Por un tiempo, estuvo aquí con nosotros.

Para consolarnos, enjugar las lágrimas del rostro.

Una nueva vida, Él nos vino a presentar,

Bajo la bendición del Dios que va a amarnos.

El Dios que desea salvarnos.

Jesús vino para cargar nuestros pecados.

Para que pudiéramos ser limpiados.

Sobre sí, nuestras fallas y errores, Él llevó.

Y todas nuestras enfermedades, Él sanó.

La gloria de Dios para la gente, Él reveló.

Y el más importante: nuestro pecado, Él perdonó.

El Señor hizo una nueva alianza con nosotros.

Él hizo un pacto perpetuo.

Demostrando que siempre será un Dios amoroso.

Que siempre tuvo mucho amor por sus hijos.

Pagando un alto precio para salvarlos.

Pues en nuestro favor, Dios dio a Jesucristo.

Tuvimos la oportunidad de una vida nueva tener.

La esperanza de la vida eterna, pudimos conocer.

Gracias, Señor, por haber hecho eso.

Gracias, Dios, por haber enviado a su Hijo.

La gracia de la salvación

Cuando un pecador se arrepiente,

Cambiando de vida y obedeciendo al Señor,

¡El infierno tiembla! Pues un esclavo se liberó.

Y ahora vivirá una vida de amor.

Él amará aquel que lo salvó,

De un pantano apestoso, él fue sacado.

El llanto en su rostro ha sido enjugado.

De ahora en adelante, será lleno de sonrisas,

Pues está siguiendo un nuevo camino en la vida.

Está al lado de su amado Padre.

Dejando a Satanás y su maldad.

Sobre su vida, el diablo no tiene poder.

Día y noche los ángeles de Dios lo van a proteger.

Todo lo que él hace será para el Señor.

Demostrando toda su gratitud y amor.

Solo el Dios poderoso, él va a alabar.

Nunca olvidándose del día en que Dios vino a salvarlo.

De esa manera, solo Dios puede amarlo.

Sacándolo de la muerte, y llevándolo a la vida eterna.

De regreso al evangelio

Señor, siempre nos gusta pedir.

Lo buscamos cuando algo deseamos conseguir.

Vamos a ti con el deseo de ser recompensado.

Tornándonos siervos infieles y despreciables.

Pues olvidamos el evangelio que por Cristo fue predicado.

Jesús predicó la salvación y la vida con humildad.

No una vida llena de bienes y vanidad.

El Santo Evangelio vino para nuestra alma salvar.

No vino para nuestras voluntades deleitar.

El Señor quiere que lo adoremos de todo el corazón.

Dios desea que amemos a nuestros hermanos.

Si la riqueza y los bienes comenzamos a desear,

Luego nuestro corazón se va a contaminar.

Y de las palabras de Dios, él se olvidará.

Todos los días, precisamos consultar el evangelio.

En nuestras vidas, su enseñanza debemos aplicar.

En él está contenida la llave para salvarnos.

Si eso no se hace, estaremos negando a Cristo.

Negaremos su enseñanza y sacrificio.

Nunca es tarde para regresar al evangelio.

No se encante por los bienes materiales.

Miremos hacia la gracia de la salvación.

Que es el mejor presente que Dios puede darnos.

Jesús, el buen pastor

Señor Jesús, existente desde el principio.

Él estaba con Dios desde el inicio.

Participando de toda la creación.

Ya demostrando cuán poderosa es su mano.

Su mano tiene poder para sus ovejas juntar.

Recogiéndolas por todas las partes,

Y poniéndolas solo en un lugar,

Dentro de su buen aprisco,

Pues el Señor es un pastor con compromiso.

El compromiso para sus ovejas proteger.

Él no deja ninguna se perder.

¡Cómo el Señor es un buen pastor!

Libró a todas del destructor.

Por sus ovejas, Él tiene un gran amor.

Las amó tanto que por ellas se entregó.

Padeciendo por cada una de ellas.

Todo para que se pudiesen librar.

Librándolas de aquel que desea esparcirlas y matar.

Jesús enfrentó todo para salvarnos.

Su vida, Él entregó.

Para que las ovejas que lo siguen,

En el último día, puedan resucitar.

Algo errado

Estoy viviendo y me siento preso.

Parece que hay algo extraño en mi vida.

Siento como si algo no estuviera correcto.

Es como si en mi espalda yo cargara un peso.

Un peso que está dificultando mi caminar.

Por más que deseo hacer el mejor,

Nunca me puedo levantar.

¡Habla, Señor, lo que está errado en mi vida!

¡Preciso saber lo que me impide!

¡Preciso saber lo que no me deja ser libre!

¡Dios, quiero que la respuesta me sea dada!

Pues quiero salir de esa vida templada.

Después de pedir, Dios me mostró.

Fue algo que en lo íntimo me tocó.

A través de un querido pastor,

Vino la gran respuesta del Señor.

Fue algo dicho más o menos así:

Hijo mío, yo te digo lo que está errado.

Tú dices que está en mi presencia,

Pero, en realidad, vive como un enmascarado.

Mis obras, tú quieres hacer.

Pero mi ley, tú no quieres obedecer.

Vives como un hombre duplicado,

Es una bendición dentro de la iglesia,

Y fuera, tú eres un esclavo del mundo y del pecado.

Viviendo así, nada va a cambiar.

Tú necesitas decidir en cuál lado vas a quedar.

O viene para mí, con temor y rostro descubierto.

O entonces, se queda fingiendo de bueno.

Y al fin, vas a quemar en el infierno.

Después de una palabra tan fuerte, yo me decidí.

Me quité la máscara y solo al Señor voy a servir.

Comprendí que solo Él tiene lo mejor para mí.

Solo en Él voy a permanecer hasta el fin.

La cena del Señor

En su cena, comemos su cuerpo,

Y bebemos su sangre.

Tenemos fe en su santa palabra.

Sabemos que con el Señor,

Tenemos una nueva oportunidad.

Oportunidad de nuestra alma salvar,

Oportunidad para tu nombre confesar.

Pues cenando con el Señor,

En su cuerpo podemos participar.

El vino es para la sangre derramada simbolizar.

El pan es para su cuerpo demostrar.

Al tomarlos, yo digo para el mundo:

¡Yo creo en su gran sacrificio!

Creo en la resurrección el día prometido.

Ahora, el Señor está en mí.

Y yo estoy en el cuerpo del Señor.

Estoy con nuevo vigor.

Pues hago una nueva alianza de amor.

Profesando la fe en mi Salvador.

Jesús resucitó y en nuestro medio está.

Tenga una intimidad mayor con Él.

En su cena, venga a participar.

Tomándola verdaderamente, usted se va a reconciliar.

Y en su vida, Cristo siempre permanecerá.

Un mundo seductor y el amor de Dios

Las cosas del mundo te quieren encantar.

Son mostradas cosas bellas que tratan de ilusionarte.

Usted piensa: «¡Todo es lindo y maravilloso!»

Pero todo es una gran trampa del enemigo.

Pues con su vida él quiere acabar.

El primer paso es desviarte de la iglesia.

De todas maneras, un mundo bello, él te va a mostrar.

En la tele, radio, Internet, amigos o mismo en la calle.

Él hace de todo para alejarte del camino de Dios.

Así, su vida, él podrá tocar.

Al tocarte, no será un toque suave.

Será un toque que te lleva a la muerte.

Poco a poco, en algo, él te va a enviciar.

Así, lejos de todos, usted se quedará.

Y su vida, él va a arruinar.

Y un vicio te lleva al otro.

Cuando perciba, parecerá un muerto.

Su cuerpo fue casi destruido.

Muchas veces usted se pregunta:

¿Cómo aún puedo estar vivo?

Usted está vivo, pues Dios te amó.

Y de la muerte, muchas veces, Él te libró.

En usted, el Señor siempre creyó.

Creyó que un día usted iba a cambiar,

Para sus brazos cariñosos iba a regresar.

Con su padre maravilloso se reconciliar.

¡Dios nunca te va a abandonar!

Por más que parezca que todo está perdido,

¡No desista! Pues usted es hijo del Todopoderoso.

Arrepiéntete del mal de todo el corazón.

Y el Señor extenderá su mano.

Del abismo profundo, Él te va a elevar.

En un lugar limpio y renovado, Él te va a dejar.

Los pecados y errores, Dios va a borrar.

Para que una vida nueva pueda empezar.

Una vida de paz al lado del Señor,

Profesando a Jesucristo como su único Salvador.

Recordándote siempre de donde Él te sacó.

Agradeciendo todos los días por su gran amor.

El Espíritu Santo

El Señor se elevó después que resucitó.

Y sus amados, Él no abandonó.

Pues el Espíritu Santo con nosotros se quedó.

Para que nos pudiera consolar.

Para que Él siempre nos pueda ayudar.

El Espíritu Santo es el dulce consolador.

Es lo que todo día aumenta nuestro amor.

Él conecta nuestro espíritu a Dios.

Para que intensamente podamos adorarlo.

El Espíritu Santo, pudimos conocer.

Para que el bien de Dios pudiéramos ver.

Y del pecado convencernos.

Pues solamente el amor de Dios tiene tal poder.

El Espíritu Santo es quien nos transforma.

Solo Él puede venir y quebrantarnos.

Pues Él no viene con la razón.

Él viene con el amor de Dios directo al corazón.

Para el Espíritu Santo habitar en usted,

Primero es necesario purificarse,

Con mucho ayuno, biblia, alabanza y adoración.

De este modo, Dios te va a agraciar.

Y su Santo Espíritu sobre usted vendrá.

La tentación y la protección

Todo el día necesito santificarme.

Porque toda vez que despierto,

Luego viene el pecado para tentarme.

De los caminos de Dios,

El maligno me quiere desviarme.

El diablo levanta mucha gente,

Que dicen ser mis amigos,

Hablan cosas que parecen agradables.

No hablan por ellas mismas,

Están haciendo la voluntad del enemigo.

Todo el potencial, el maligno, va a utilizar.

Una guerra en contra de mi espíritu va a declarar.

Intentando de todas maneras engañarme,

Para que delante de Dios pueda acusarme.

Yo sé que vivir en este mundo parece difícil,

Pero, como he dicho antes, necesito santificarme.

Para eso, tengo que orar, ayunar y en la biblia meditar.

Huyendo de los males y de las tentaciones.

El Espíritu Santo conmigo estará.

¡Y todo lo que se levante en contra, por tierra caerá!

Tengo a Dios que puede protegerme.

Él me da fuerzas para vencer el mal.

Él envía sus ángeles que limpian el camino.

Y Dios siempre está conmigo.

Que la mano de Dios siempre esté conmigo,

Durante el buen momento y también en los peligros.

Que la voluntad de Dios sea hecha,

Y que mi vida siempre sea derecha.

La maravillosa salvación

Por la gracia de Jesús somos salvados.

Por su amor fuimos liberados del pecado.

Ahora tenemos plena libertad.

Solo el Dios Todopoderoso puede hacer tal milagro.

Fue el milagro de nuestra salvación.

Dando a todos, la oportunidad del perdón.

Liberando al pecador de toda condenación.

Hacia nosotros, el Señor extendió su mano.

Dios no quería ver nuestra destrucción.

Nada podemos hacer para ser escogidos.

Es el Señor que decide quiénes son los elegidos.

Pues algo bueno Él vio en nosotros.

Él nos llamó para que en su Hijo pudiéramos creer.

De nuestros pecados nos arrepentimos para no más hacer.

Después de arrepentirnos y pedir el perdón,

Estaremos totalmente libres de la esclavitud y de la prisión.

Seremos instrumentos en la mano del Señor.

En la vida de muchos seremos una fuente de amor.

Una fuente para anunciar las bendiciones del Señor.

Así, muchas almas vamos a ganar,

Más gente se va a liberar del pecado.

Haremos la voluntad del Señor.

Esparciremos la buena nueva por todo el mundo.

Acerca del autor

Rafael Henrique dos Santos Lima

Graduado en Procesos Gerenciales y M.B.A. en Gestión Estratégica de Proyectos en el Centro Universitario UNA. Cristiano por la gracia de Dios. Amante de la escritura (Español, Inglés, Portugués), poeta y novelista.

Contactos

rafael50001@hotmail.com

rafaelhsts@gmail.com

Blog: escritorrafaellima.blogspot.com

Agradecimiento

Los sitios abajo contienen una gran cantidad de información y conocimientos útiles para la traducción y escritura del libro.

Google Docs

Google Translator

Palabras que riman

RAE

Sinomimos

Spanish Checker

Agradecimiento especial

Agradezco a Dios. Él me dio la inteligencia para escribir los poemas.